Blumensträuße selberbinden

Ideen für das ganze Jahr

Silke Erbert

Blumensträuße selberbinden

Ideen für das ganze Jahr

ENGLISCH VERLAG

Die Deutsche Bibliothek - CIP-Einheitsaufnahme
Blumensträuße selberbinden: Ideen für das ganze Jahr / Silke Erbert. - Wiesbaden:
Englisch, 1996
ISBN 3-8241-0666-3

ISBN 3-8241-0666-3
Fotos Axel Weber

Printed in Spain.

Die Ratschläge in diesem Buch sind von Autorin und Verlag sorgfältig erwogen und geprüft, dennoch kann eine Garantie nicht übernommen werden. Eine Haftung der Autorin bzw. des Verlags und seiner Beauftragten für Personen-, Sach- und Vermögensschäden ist ausgeschlossen. Eine gewerbliche Nutzung der Vorlagen und Abbildungen ist verboten und nur mit ausdrücklicher Genehmigung des Verlags gestattet.

Inhaltsverzeichnis

Vorwort

Sicher haben Sie schon oftmals vor den Schaufenstern unserer Blumengeschäfte gestanden und die dort ausgestellten „Kunstwerke" voller Bewunderung betrachtet. Viele Blumenbegeisterte trauen sich jedoch an die Fertigstellung solcher Stücke nicht heran. Dabei gibt es gerade in der heutigen Zeit ein sehr großes Angebot an Schnittblumen in Geschäften oder auf dem Wochenmarkt. Auch können Sie bei einem Streifzug durch die Natur viel brauchbares Material finden.
Dieses Buch soll Ihnen mit den von mir gezeigten Techniken und Anleitungen eine Hilfe sein, denn sowohl Anfängern als auch Fortgeschrittenen kann es als Ratgeber dienen.
Ich stelle Ihnen eine Vielzahl von Blumen verschiedener Jahreszeiten und Arten vor. Sie finden sowohl unseren heimischen Zierlauch (Allium), Ranunkel oder Tulpe, wie auch die exotische Bananenblüte, Heliconie und Strelitzie.
Gestalten Sie wunderschöne individuelle Stücke, passend zu Haus und Einrichtung und für jeden Geschmack. Auch das selbstgefertigte Blumengeschenk ist etwas sehr Persönliches und findet mit Sicherheit großen Anklang.
Mit den präzisen Angaben über Material und Anfertigung soll Ihnen das Binden leicht gemacht werden.
Ich wünsche Ihnen nun gutes Gelingen und viel Freude an den fertigen Stücken.

Ihre Silke Erbert

Einleitung

Nun möchten Sie beginnen und fragen sich, woher Sie all die Materialien bekommen. Zunächst einmal ist dazu zu sagen, daß Sie viele von mir im Buch verwendete Materialien durch andere ersetzen können. Für einen Strauß von kurzer bis mittlerer Haltbarkeit zum Beispiel ist es ohne weiteres möglich, statt Aralien- oder Anthurienblätter (die sehr haltbar sind), große Ahornblätter zu benutzen. Statt Lederfarn nehmen Sie Zimmer- oder Waldfarn, und statt Beargras nehmen Sie Schilf oder Wiesengräser. So gibt es unzählige Beispiele. Sie sollten Erfindergeist haben und mit offenen Augen durch die Natur gehen. Was die Blumen anbelangt, so können diese aus dem Fachhandel, vom Wochenmarkt oder aus dem Garten stammen. Exoten werden Sie wahrscheinlich jedoch nur in gut geführten Blumengeschäften erhalten. Lassen Sie sich nicht von dem Preis abschrecken, da dieser meist recht hoch ist, in der Regel jedoch halten die Blumen viel länger als normal. So kann eine Bananenblüte drei bis fünf Wochen alt werden. Erkundigen Sie sich einfach vor dem Kauf der jeweiligen Blume nach Pflege und Haltbarkeit, um nichts zu riskieren.

Darüber hinaus habe ich einige grundsätzliche Dinge über Blumenpflege etc. in den nachfolgenden Abschnitten beschrieben.
Lesen Sie sich die einzelnen Abschnitte daher sorgfältig durch.

Werkzeuge und Arbeitsmaterial

Zum Binden von Frischblumen bedarf es einiges an Material und Werkzeug.

1. Zum Abbinden der Sträuße nimmt man in der Regel Bast, weil Stiele und Stengel damit am wenigsten verletzt werden und gut zusammenhalten. Bast gibt es in natürlicher oder künstlicher Form. Letzterer ist am gebräuchlichsten. Diesen erhalten Sie in Hobby- oder Bastelgeschäften.
2. Sehr wichtig ist Draht. Im Regelfall braucht man Stiel- oder Stützdraht in verschiedenen Stärken. Hierbei gibt es ebenfalls zwei Sorten, den blaugeglühten Steckdraht und den grün ummantelten Stützdraht. Verwendet werden Stärken zwischen 0,7 bis 10 mm, je nach Dicke des Blumenstiels. Zum Ausschmücken wird dünner Gold- oder Silberdraht verwendet.

3. Das Floristenband (auch Tape genannt) dient zum Umwickeln von Draht, damit dieser im Wasser nicht rostet und zum Umwickeln von gedrahteten Stielen.
4. Eine Drahtschere oder -zange zum Kürzen von Drähten ist ebenfalls notwendig.
5. Ein sehr scharfes Messer zum Schneiden der Blumen. Je schärfer das Messer, desto glatter wird der Schnitt am Blumenstiel. Das trägt zur längeren Haltbarkeit bei.
6. Ebenso die nicht quetschende Blumenschere (Ikebanaschere), die beim Blumenbinden unentbehrlich ist.

Arbeitsplatz

Dieser sollte einen möglichst hohen und breiten Tisch beinhalten, da meistenteils im Stehen gearbeitet wird und bei einem zu tiefen Tisch Rückenschmerzen entstehen. Versuchen Sie sowohl Werkzeug wie auch vorbereitete Blumen immer möglichst ordentlich bereitzulegen. Das erleichtert das Arbeiten ungemein.

Das Andrahten von Blumen und Blättern

Zum Stützen und Biegen der Blätter werden diese mit dem grün ummantelten Stützdraht gedrahtet, indem Sie den Draht auf der Unterseite des Blattes durch den gut zu sehenden Mittelstrang schieben, dann zum Stengel biegen und ein Ende um den Stengel, das andere Ende um den Draht biegen. Die zu benutzende Dicke des Drahtes hängt von der Dicke des Stranges ab. Ebenso ist es bei den Blumen. Hierbei wird auch der Stützdraht verwendet, welcher zum Beispiel bei der Gerbera, also Blumen mit weicherem Stiel, von oben mit der stumpfen Drahtseite zuerst in die Blüte geschoben wird, bis dieser nicht mehr zu sehen ist. Bei Blumen mit kräftigem Stiel wird der Draht, wie bei den Blättern, um den Stiel herumgewunden. Das Drahten der Blumen dient dazu, sie biegsam zu machen und sie dabei gleichzeitig zu stützen.

Das Binden von Schleifen

Es gibt unterschiedliche Möglichkeiten, eine Schleife zu binden. Ich möchte Ihnen meine Methode veranschaulichen, da ich diese für die schönste halte.
Raffen Sie das Schleifenband fest zwischen Daumen und Zeigefinger, wobei ein Endstück beliebiger Länge unterhalb des Daumens herausschaut. Legen Sie oberhalb des Daumens eine Schlaufe und raffen Sie diese zwischen den Fingern, neben das bereits geraffte Band. Nun legen Sie wieder eine Schlaufe unterhalb. Diesen Vorgang wiederholen Sie so oft, bis Sie die gewünschte Schlaufenanzahl erhalten. Legen Sie nun einen Steck- oder Stützdraht dicht am Daumen neben dem Band durch, halten Sie beide Drahtenden fest, und schieben Sie die Schlaufen nach oben. Anschließend drehen Sie den Draht unterhalb des Schleifenbandes fest zusammen. Natürlich gehört etwas Übung dazu, deshalb verlieren Sie nicht den Mut, wenn es nicht direkt funktioniert.

Blumenpflege und Haltbarkeit

Grundsätzlich ist zu sagen, daß die Blumenpflege und die daraus folgende Haltbarkeit der Blumen bereits beim Kauf oder bei der Ernte aus Garten oder Natur beginnt. Bei jeglichem Transport fängt bereits der Verfall an. Deswegen sollten Sie versuchen, die abgeschnittenen Blumen so schnell wie möglich mit Wasser zu versorgen, damit die Stiele nicht austrocknen. Durch Einwickeln in Papier kann der Verdunstung von Wasser vorgebeugt werden.

Zu Hause angelangt, spielt der richtige Anschnitt eine große Rolle. Mit einem sehr scharfen Messer mit glatter, fester Klinge, schneiden Sie krautige Stiele gerade und fest, sowie holzige Stiele schräg an. Das gleiche gilt für die Schere (Garten- oder Ikebanaschere), diese darf auf keinen Fall quetschen. Durch den schrägen Anschnitt wird die wasseraufnehmende Fläche vergrößert und das Verstopfen der Bahnen durch Mikroorganismen verzögert. Diese können sich zum Beispiel durch verschmutzte Gefäße bilden (sie sind daher oft zu reinigen) oder durch im Wasser schwimmende Pflanzenteile (das Wasser sollte immer sauber sein) und durch nicht oder zu wenig gesäuberte Stiele.
Die Stiele sollten immer bis zur Bindestelle von Blättern, Dornen (Verletzungsgefahr beim Binden), losen Rinden- oder Hautteilen befreit sein.
Um nochmals auf die Behandlung von Pflanzenstielen zurückzukommen, gibt es je nach Blumenart verschiedene Methoden der Behandlung. So ritzt man weiche Stiele an, Stiele, die wie bei Narzissen Schleim absondern, stellt man ca. zwei Stunden vor Verarbeitung separat ins Wasser, holzige Stiele werden leicht geklopft, harte und krautige Stiele werden gespalten und behaarte Stiele taucht man einige Sekunden ins kochende Wasser.
Blumen mit dickem, weichem oder hohlem Stiel, wie zum Beispiel die Calla oder Amaryllis, klebt man oberhalb der Schnittstelle mit Tesafilm oder ähnlichem ab, weil diese leicht fransen oder sich nach oben aufrollen.
Bei einigen Blumenarten (z. B. Rosen), die ein üppiges Blattwerk haben, sind Blätter zu entfernen, da sie den Blüten die Nahrung nehmen.
Das Zugeben von Frischhaltemitteln ist auf jeden Fall eine brauchbare Hilfe, um das Welken zu verzögern. Richten Sie sich bei der Verwendung solcher Mittel aber unbedingt nach den Verpackungshinweisen, denn falscher Gebrauch bewirkt oft das Gegenteil.

Wichtiger Tip

Für alle in diesem Buch von mir beschriebenen Sträuße gilt:
Nach dem Binden sind alle Stiele so zu kürzen, daß die Höhe zwischen Schnitt- und Bindestelle ein Drittel der Gesamtstraußhöhe darstellt. Eine Ausnahme tritt dann ein, wenn der Strauß auf eine bestimmte Vasenform oder -größe zugeschnitten werden muß. Das Kürzen der Stiele wird wie unter »Blumenpflege« beschrieben durchgeführt. Durch drei- bis viermaliges Umwickeln mit Bast wird über der geschlossenen Hand abgebunden und verknotet. Dabei ist darauf zu achten, daß die Bindestelle sehr klein ist, die Blumenstiele nicht verletzt wurden und der Strauß nicht wackelt. Außerdem werden die Stiele vor dem Binden von unnötigen Blättern befreit.

Noch einige Anmerkungen

Sie werden sich sicher wundern, daß Sie Namen wie Salallaub, Eukalyptus, Palmwedel, Asparagus, Lederfarn etc. immer wieder lesen und diese sich in den Materiallisten häufig wiederholen. Der Grund hierfür ist, daß die genannten Pflanzen Standard sind und als Füller und zum Umranden von Sträußen überwiegend von den Floristen verwendet werden. Ich gehe daher davon aus, daß Sie diese Materialien leicht erwerben können, sofern Sie auf nichts anderes zurückgreifen. Wie schon im Vorwort erwähnt, sind die Sträuße jahreszeitlich geordnet und beim Kauf der beschriebenen Blumen (auch Exoten) können Sie sich in etwa danach richten.

Der symmetrische Strauß

Meist werden hierzu mehrere Blüten verschiedener Art verwendet.
Dieser Straußtyp ist locker gebunden und wirkt oft sehr üppig. Die Blüten werden spiralförmig (in eine Richtung verlaufend) angelegt und streben dadurch auseinander. Das Ganze erinnert an das Mikadospiel, welches Sie auch gerne zum Üben hernehmen können (oder Sie versuchen sich mit einigen Stöcken von gleichem Durchmesser).
Das erleichtert Ihnen nachher das Halten des Straußes. Ich demonstriere Ihnen diese Straußart am Beispiel des Gerberastraußes. Weitere Sträuße finden Sie auf den nachfolgenden Seiten.

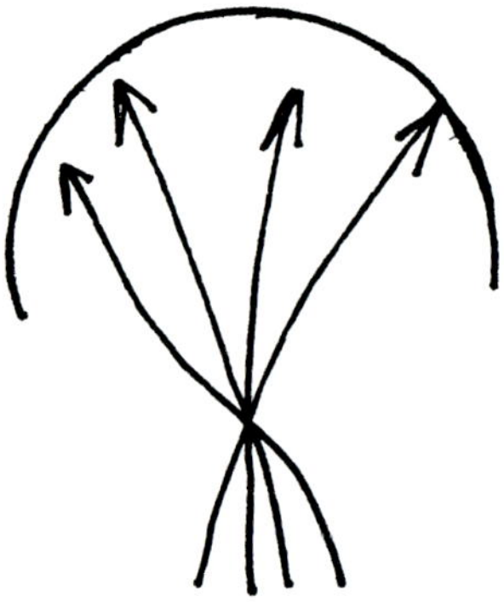

Material
5–7 rote Gerbera, ca. 9 blaue Iris, 3 Disteln (Echinops), ca. 5 Stiele blühender Dill oder Schafgarbe, je einige Stiele Eukalyptuslaub, Asparagus und Salallaub.

Vorbereitung
Die Gerberablüten werden mit Stützdraht befestigt (siehe S. 11).

Anwendung
Nehmen Sie zuerst je eine Gerbera, Iris und Eukalyptuslaub so in die Hand, daß die Gerbera ein wenig höher steht. Sie bildet unseren Mittelpunkt.
Nun wird spiralförmig Iris, Asparagus, Eukalyptus und Dill abwechselnd angelegt. Die Arten sind dabei regelmäßig gemischt und man faßt häufig so, daß nicht alle gleichlang sind.
Wiederholen Sie das Ganze jetzt mit den restlichen Gerberablüten und fügen Sie in die Lücken Distel, Asparagus und Beargras ein. Als Hilfestellung können Sie den Strauß drehen und einmal von oben betrachten. Bei Unregelmäßigkeiten besteht die Möglichkeit, durch Ziehen und Drücken der Stiele zu korrigieren.
Kürzen Sie die Stiele auf gleiche Länge und binden Sie über der Hand mit Bast ab.
Eine üppige Wirkung erhält ein Strauß dieser Art, wenn Sie ihn mit ausschwingenden Blättern oder Farnwedeln umranden.
Die Vasenform sollte hierbei nach Möglichkeit bauchig oder rund sein.

Der asymmetrische Strauß

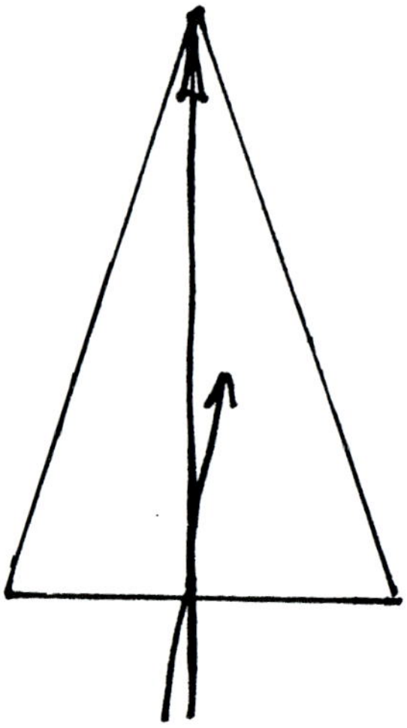

Der asymmetrische Strauß wird auch grafischer Strauß genannt.
Dieser Strauß wird mit wenig Material je Art hergestellt, ist aber dennoch sehr kontrastreich. Da einzelne Blüten gut zur Geltung kommen, können hierbei wenige, jedoch besondere Blumen verwendet werden. Ich möchte es Ihnen am Beispiel dieses Strelitziensträußes demonstrieren. Auf den folgenden Seiten finden Sie eine Vielzahl von Sträußen dieser Art wieder.

Material

2 Strelitzienblüten, 1 Strelitzienblatt, 1 Anthurienblatt, 3 Stiele Asparagus, einige Stiele Beargras, 4 Halme Schlangengras, 1 Stück Juteband ca. 1,5 m.

Vorbereitung

Das Anthurienblatt drahten Sie mit Stützdraht an, damit es in Form bleibt und Halt hat. Wie eingangs beschrieben, legen Sie aus dem Juteband eine Schleife und drahten diese ebenfalls an. In die Schlangengrashalme wird je ein sehr langer Stützdraht eingeführt, der diese für jegliche Form biegbar macht.

Anwendung

Nehmen Sie die zwei Strelitzienblüten fest in die Hand und drapieren Sie die Schlangengrashalme so um die Strelitzien,

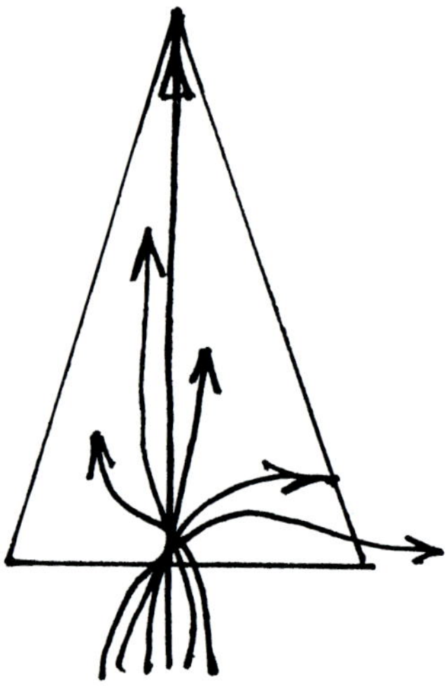

daß diese gut ineinander verbogen werden können. Das Strelitzienblatt wird fest hinter die Blüten gesetzt, so daß es senkrecht steht und oberhalb der Blüten den höchsten Punkt darstellt. Legen Sie nun Asparagus und Beargras kreisförmig an und unterlegen Sie das Ganze mit dem Anthurienblatt, welches den Strauß wie eine Stütze abschließt. Mit Bast binden Sie über der Hand sehr fest ab, da diese Straußform immer gebunden in der Vase steht. Die Schleife wird im Vordergrund durch Einschieben des Drahtstiels befestigt.

Verwenden Sie hierzu immer eine schlanke, hohe oder konische Vasenform.

Einfacher Wald- und Wiesenstrauß

Material und Vorbereitung

1 rötliche Rose, 1 Stiel blühender Dill oder Schafgarbe, 1 Distel (Echinops), Juteband von ca. 1 m Länge, welches Sie mit Draht zu einer Schleife verarbeitet haben, 1 Stück Baumrinde, ca. 1 m weiches Pack- oder Seidenpapier. Das Grün zum Füllen kann aus Koniferen, Farnen und Büschen bestehen. Als kleiner Blickfang habe ich einen zerschnittenen Schlangengrashalm verarbeitet. Zur Befestigung ist er mit Bast umwickelt und gedrahtet. Dekorativ wäre hier auch ein Bündel aus kleinen Ästen.

Vorbereitung

Die Baumrinde versehen Sie in der Mitte mit Draht, der mehrmals herumgeschlungen wird. Die Drahtenden drehen Sie zusammen.

Anwendung

Die Baumrinde nehmen Sie fest in die Hand und verteilen vorsichtig Dill, Rose, Distel und Juteschleife gleichmäßig auf

Dieser Strauß ist recht schnell und einfach herzustellen und kann mit einfachsten Mitteln bestückt werden. Die verwendeten Materialien sind zu 90% in der Natur oder in Ihrem Garten zu finden.

beiden Seiten, aber so, daß kein Stiel bricht. Legen Sie das beschriebene Grün spiralförmig an, bis ein kleines Sträußchen entstanden ist. Mit Bast binden Sie über der Hand ab und kürzen die Stiele auf gleiche Länge.

Nehmen Sie nun das Papier, knicken es in der Mitte, damit es zum einen nicht zu groß ist und zum anderen mehr Halt entsteht. Raffen Sie es dann zu einer Manschette um die Stiele herum. Mit Tesafilm können Sie das Papier miteinander verkleben.

Sträußchen dieser Art eignen sich hervorragend als kleines Mitbringsel, da sie weder kosten- noch zeitaufwendig sind. Die Materialien sind natürlich auch ohne Probleme durch andere zu ersetzen. So können Sie die Rose durch jede beliebige Blüte, die einen großen Blütenkopf hat, austauschen.

Kleiner Tulpenstrauß

Material

15 rote Tulpen, 8–10 Stiele Dill oder Schafgarbe, Asparagus (Spargelkraut), Eukalyptuslaub und Konifere zum Füllen, 3–5 Stiele Lederfarn und Salallaub, ca. 1 m Seiden- oder weiches Packpapier.

Anwendung

Beginnen Sie mit einer Tulpe und je einem Stiel Asparagus, Dill, Eukalyptus und Konifere. Diese fassen Sie so zusammen, daß die Tulpe den höchsten Punkt bildet (siehe symmetrischer Strauß). Nun legen Sie alle genannten Materialien mit Ausnahme des Lederfarns und des Salallaubs nach und nach spiralförmig an. Füllen Sie Lücke für Lücke und achten Sie darauf, daß der Strauß eine Halbkreisform erhält. Die Tulpen sollten dabei leicht herausschauen. Den Abschluß bilden Lederfarn und Salallaub, die Sie dem Strauß als eine Art Manschette unterlegen. Binden Sie den Strauß mit Bast über der Hand zusammen und kürzen Sie die Stiele auf gleiche Länge. Nehmen Sie das Papier zur Hand, falten Sie es in der Mitte und raffen es kreisförmig um die Stiele. Zur Befestigung verwenden Sie Tesafilm und zupfen das Papier noch etwas in Form.
Für diese Art Strauß eignet sich am besten eine Kugelvase oder ein einfacher Blumentopf.

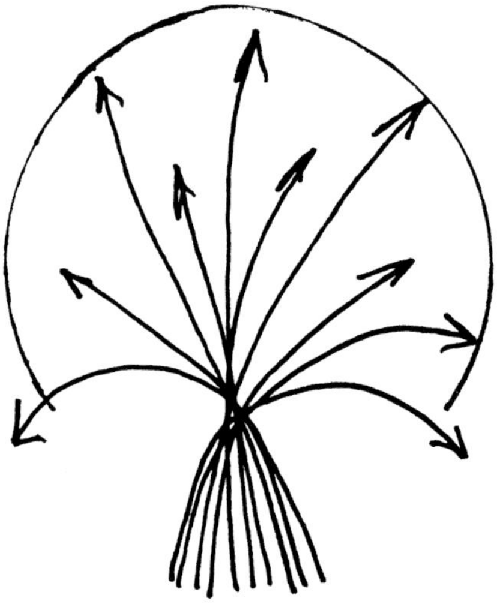

Bunter Osterstrauß

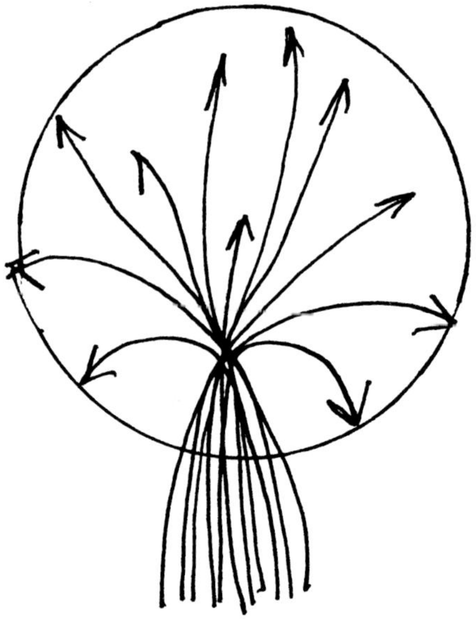

Material

1 Osterhase von ca. 10 cm Höhe mit Stiel, 2 Plastikeier mit Stiel, einige gelbe Federn, 3 blaue Iris, 3 rote Tulpen, 7–10 bunte Ranunkeln, je einige Stiele Asparagus, Schleierkraut, Eukalyptus- und Salallaub, Schlingpflanzengewächs (im Volksmund „Liane" genannt), 2 Stück Naturbast.

Vorbereitung

Beginnen Sie damit, die Federn anzudrahten. Das Schlingpflanzengewächs ist in unseren Wäldern weit verbreitet und leicht zu finden. Sie können jedoch auch einen unbelaubten Clematisast benutzen. Legen Sie das Geäst wirr in eine Kreisform und binden Sie diesen mit Naturbast an mehreren Stellen zusammen. Lassen Sie die Bastenden hängen, da diese als Halterung dienen.

Anwendung

Den Anfang macht der Hase. Dieser wird zuerst mit Eukalyptuslaub und Asparagus, dann mit Salallaub, das weit herausragt, unterlegt. Schieben Sie nun den Astkranz über den Hasen auf die Blätter.
Danach unterlegen Sie den Kranz solange mit Salallaub, bis er nicht mehr rutscht.
Die Federn, Tulpen, Ranunkeln, Iris und Eier werden gleichmäßig durch das Blattwerk in Richtung Straußmitte geschoben.
Um eine aufgelockerte Form des Straußes zu erzielen, ordnen Sie unter dem Salallaub noch einige Stiele Schleierkraut und Asparagus an.
Binden Sie mit Bast über der Hand zusammen und bringen Sie die Stiele auf gleiche Länge.
Als Vase sollten Sie ein Gefäß mit breitem Rand bevorzugen.

Gerbera-Tulpenstrauß

Material

5 rote Gerbera, 12 gelb-rote Tulpen,
5 Stiele Dill oder Schafgarbe,
6 gelbe Ranunkeln, 3 belaubte zarte Äste von Busch oder Baum, je einige Stiele Asparagus und Eukalyptuslaub und je 5–7 Stiele Lederfarn, Palmwedel und Salallaub.

Vorbereitung

Gerbera und Ranunkeln sollten mit Stützdraht verstärkt werden (siehe das Drahten von Blumen und Blätter S. 11).

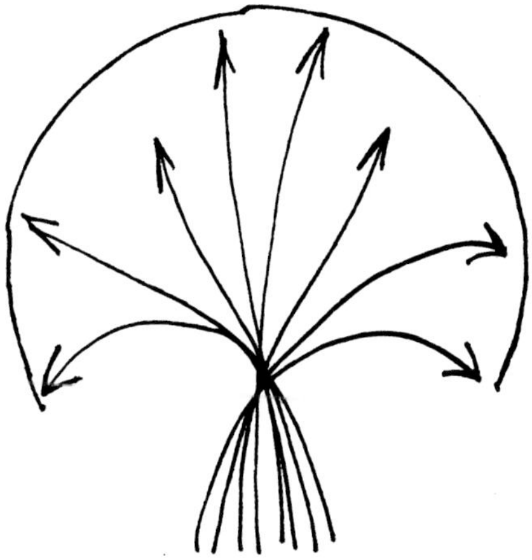

Anwendung

Anders wie bei den vorhergehenden Sträußen werden die Blüten hierbei zwar spiralförmig angelegt, jedoch nicht abwechselnd, sondern eher bündelweise. Beginnend mit der ersten Gerbera, die als einzige heraussteht, werden einige Zentimeter tiefer zwei weitere Gerbera und drei Ranunkeln plaziert und die Lücken mit Dill oder Schafgarbe, Eukalyptuslaub und Asparagus geschlossen. Alle weiteren Blüten werden nun so verteilt, daß eine abfallende Form entsteht. Überprüfen Sie beim Binden, ob die Blüten in Gruppen ungerader Anzahl zusammenstehen. Zwischendurch werden Dillstiele und Äste beigefügt, welche weit herausragen dürfen. Das gibt dem Strauß sein lockeres Aussehen. Abschließend benutzen Sie Salallaub, Lederfarn und Palmwedel. Über der Hand wird fest mit Bast abgebunden, damit nichts verrutscht. Alle Stiele werden auf gleiche Länge geschnitten.
Ein einfarbiger Blumenübertopf oder eine bauchige Vase sind zu empfehlen.

Lilien-Alliumstrauß

Material
3 Stiele Allium (Lauch), 3 weiße Lilien (Longiflorum), 1 Stiel grüner Amaranthus (Fuchsschwanz) hängend, 2 Stiele Asparagus, 6 Schlangengrashalme, 1 Anthurienblatt.

Vorbereitung
Durch Einführung eines langen Stützdrahtes in zwei Schlangengrashalme werden diese biegbar und können in die gewünschte Form (wie im Bild zu sehen) gebogen werden. Mit einem Stützdraht drahten Sie ebenfalls das Anthurienblatt an.

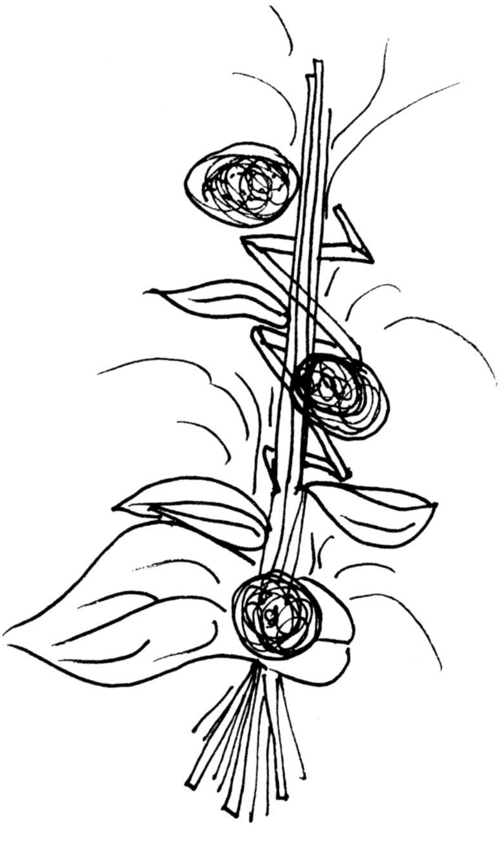

Anwendung
Nehmen Sie eine Alliumblüte und alle Schlangengrashalme fest in die Hand. Die Halme sollten dabei 10 cm über der Blüte herausragen. Die zwei präparierten Schlangengrashalme biegen Sie nun nach Belieben um die Alliumblüte. Danach schrittweise je eine Lilie (Richtung links-rechts-links) und Alliumblüte versetzt anlegen. Diese müssen immer einige Zentimeter untereinandersitzen. Zum Schluß werden Asparagus (der Stiel sollte sehr lang sein) und Amaranthus verarbeitet. Beide sollten gut zu sehen sein und die entstandenen Lücken ausfüllen. Der Amaranthus hängt dabei nach vorne raus. Das Anthurienblatt wird untergeschoben, um den Strauß abzuschließen und dient gleichzeitig als Stütze. Schneiden Sie die Stiele auf gleiche Länge und binden Sie über der haltenden Hand mit Bast ab. Eine schlanke, hohe Vase eignet sich für diesen Strauß am besten.

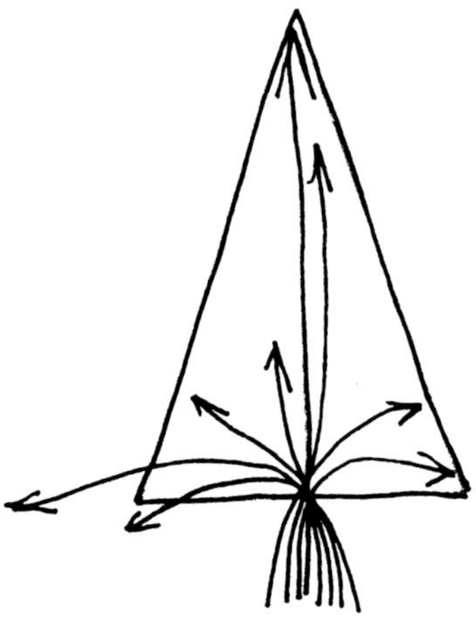

Flacher Mohnblumenstrauß

Material

13–15 Mohnblumen (Papaver) in verschiedenen Farben, je einige Palmwedel, Lederfarn, Salal- und Eukalyptuslaub, Juteband von 1,5 m Länge, einige unbelaubte Birkenäste.

Vorbereitung

Schneiden Sie die Birkenäste in gleiche Länge (ca. 50 cm) und befestigen Sie diese durch Umwickeln in der Mitte mit Blumen- oder Stützdraht. Drehen Sie die Drahtenden zu einem Stiel zusammen. Binden Sie aus dem Juteband eine Schleife mit zwei Schlaufen (wie unter „Binden von Schleifen" S. 11 erklärt).

Anwendung

Nehmen Sie den Drahtstiel des Birkenbündels in die Hand und schieben Sie die Mohnblüten in verschiedenen Längen (zur Mitte vermehrt) durch das Geäst in Richtung Hand und fassen Sie die Stiele. Wenn Sie die Blüten gleichmäßig angeordnet haben und diese verbraucht sind, füllen Sie die Zwischenräume mit Schleife und Eukalyptus aus. Sie können die Eukalyptusstiele auch teilweise durch das Geäst schieben, um sie an die richtigen Stellen zu bringen. Plazieren Sie nun Salal, Lederfarn und Palmwedel unterhalb, damit ein gleichmäßiger Abschluß entsteht.
Wie auf dem Bild zu sehen, macht sich ein kleiner Zinkeimer als Gefäß sehr gut. Natürlich können Sie auch eine beliebige Vase nehmen.

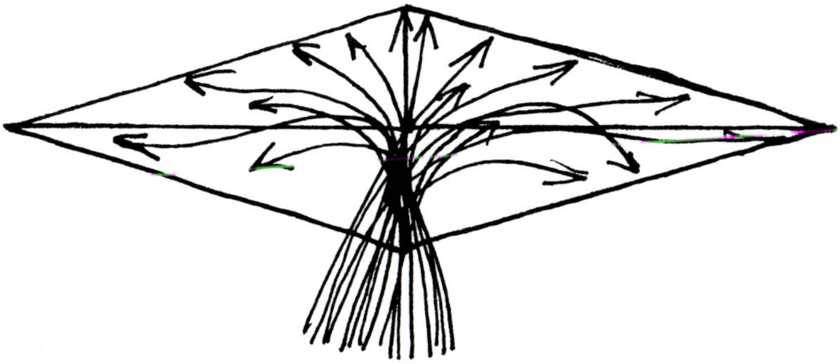

Edler Callastrauß

Material

3 weiße Callablüten, 1 Strelitzienblatt, 2 Aralienblätter, 3 lange Asparagusstiele, je einige Beargrashalme und blattlose zarte Birkenäste, 2–3 Schlangengrashalme, einige Ruskus- und Salalstiele, 1 Stück weiße Zierkordel von ca. 1,5 m Länge.

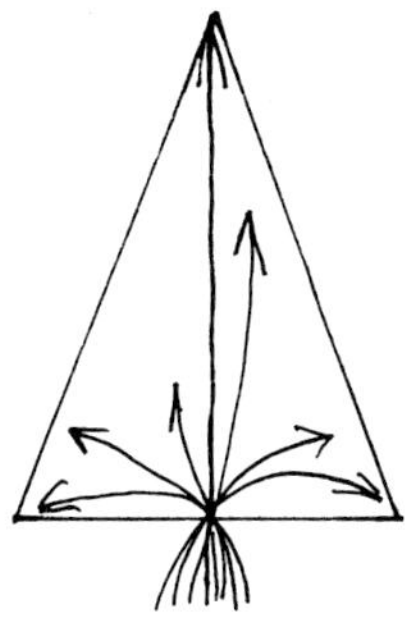

Vorbereitung

Drahten Sie die Aralienblätter an, damit diese Halt bekommen. Bei einem sehr weichen Stiel der Callas kann man diesen durch Einschieben eines Stützdrahtes präparieren und den Stiel damit gleichzeitig in Form bringen. Beschrieben ist diese Technik unter „Andrahten von Blumen und Blättern".

Anwendung

Beginnen Sie mit dem Strelitzienblatt und den Schlangengrashalmen, dabei sollten die Enden der Halme mit der Spitze des Blattes gleiche Höhe bilden. Ordnen Sie danach die drei Callas in verschiedenen Abständen untereinander an, so daß sich die unterste Calla auf gleicher Höhe mit dem auslaufenden Strelitzienblatt befindet. In die Lücken rechts und links neben den Callas fügen Sie Birkenäste, Asparagusstiel, Beargras und Ruskus ein. Umranden Sie den unteren Teil zuerst mit Salallaub, Asparagus und Ruskus und zum Schluß mit den Aralienblättern. Binden Sie mit Bast über der Hand ab und schneiden die Stiele auf gleiche Länge. Schmücken Sie den fertigen Strauß mit der Zierkordel, indem Sie diese zwischen oberster und mittlerer Calla locker zur Schleife binden. Überzogen mit Golddrahtfäden hat der ganze Strauß einen ganz besonders edlen „Touch".

Schlichte, einfarbige Vasen sind bestens geeignet, da sie dem Strauß nicht verdrängen.

Rosen-Alliumstrauß

Material

5–7 rosa Rosen, 3 grüne Chrysanthemenstiele, 3 Alliumkugeln (Lauch), ca. 1,5 m ockergelbes Juteband, je einige Stiele Asparagus, Eukalyptuslaub und je 7 Stiele Lederfarn und Palmwedel.

Vorbereitung

Kürzen Sie die Alliumstiele auf eine Länge von 40–50 cm, damit diese durch ihre Länge nicht beim Binden behindern. Schneiden Sie das Juteband in 5 gleichlange Stücke, und legen Sie daraus je eine Schlaufe, die Sie mit Stützdraht andrahten.

Anwendung

Als ersten Arbeitsschritt nehmen Sie eine Rose, eine Juteschlaufe, einige kleine Stiele Eukalyptuslaub und Asparagus in der Hand zusammen, so daß eine gleiche Höhe entsteht. Verteilen Sie die übrigen Blumen gleichmäßig rundherum, indem Sie die Stiele spiralförmig in die entstehenden Lücken setzen. Die Blüten müssen so angeordnet sein, daß sie eng Kopf an Kopf liegen. Wenn alle Blüten, Asparagus und Eukalyptus verarbeitet sind, schließen Sie mit Lederfarn und Palmwedel (abwechselnd) ab. Der Strauß sollte eine möglichst glatte

Oberfläche haben, wo nur der Asparagus wenige Zentimeter übersteht. Mit Bast wird über der Hand fest abgebunden und die Stiele durch Anschneiden auf gleiche Länge gebracht.
Wie im Bild zu sehen, eignet sich am besten eine ovale Vasenform oder Kugelvase für diesen Straußtyp.

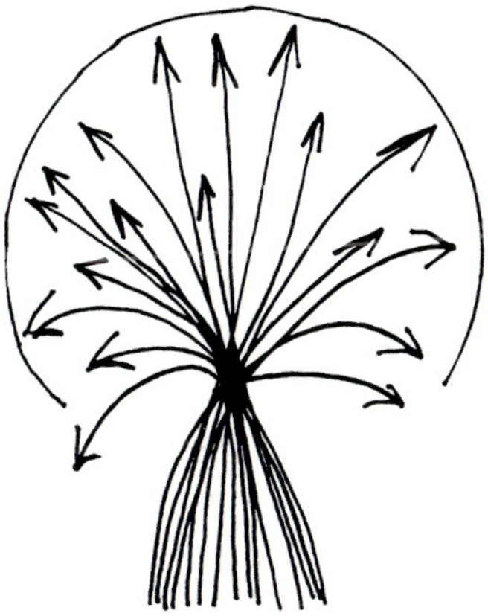

Flaches Liliengebinde

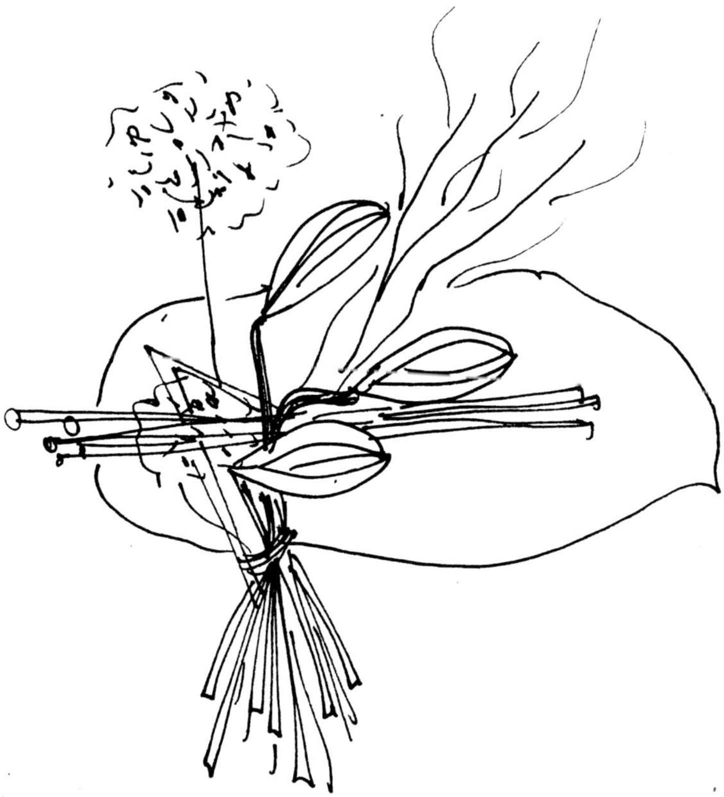

Material

3 weiße Lilien (Longiflorum), 4–5 Schlangengrashalme, 3 Stiele Dill oder Schafgarbe, 1 unbelaubter verzweigter Birkenast, 1 Anthurienblatt.

Vorbereitung

Schneiden Sie zwei Schlangengrashalme je zur Hälfte durch, legen Sie diese zum Bündel zusammen, und drahten Sie es so, daß ein Stiel vorhanden ist.
Zwei andere Schlangengrashalme präparieren Sie mit langem Stützdraht, der in das hohle Innere der Halme eingeführt wird, um diese biegbar zu machen. Um dem Anthurienblatt Halt zu geben, wird dieses ebenfalls angedrahtet.

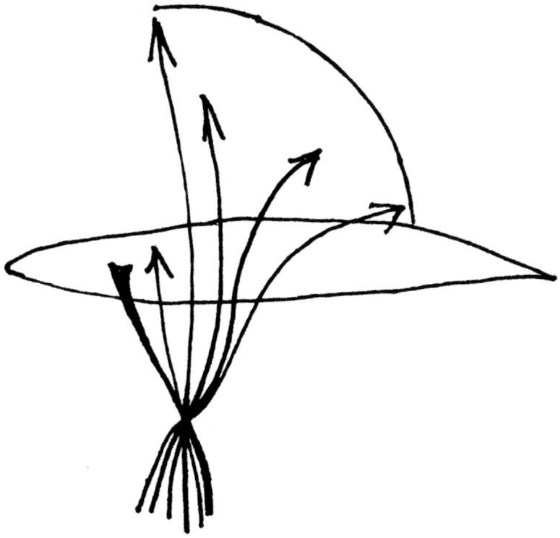

Anwendung

Da der Dillstiel am höchsten herausschauen soll, nehmen Sie diesen zuerst in die Hand. Einige Zentimeter darunter werden zwei Lilien (je nach deren eigener Form) möglichst waagerecht eingefügt. Wiederum unterhalb legen Sie den Birkenast, die zwei präparierten Schlangengrashalme senkrecht und das Halmbündel wie auch die letzte Lilie waagerecht an. Die Lücken werden mit Dill gefüllt und das Anthurienblatt untergeschoben. Es dient als Stütze und Abschluß. Schneiden Sie die Stiele in gleiche Länge, und binden Sie sie mit Bast über der Hand ab. Nun werden noch die zwei Schlangengrashalme in beliebige Formen passend zum Strauß gebogen.

Als Vase empfehle ich eine kugelige Form.

Romantischer Rosenstrauß

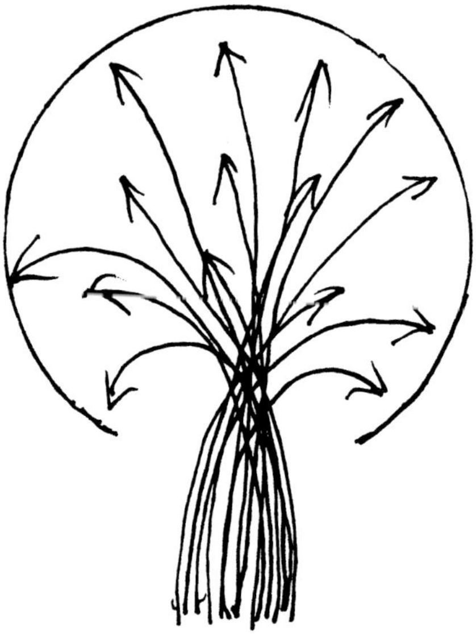

Material
5 leicht aufgeblühte rosa Rosen mit großem Blütenkopf, je einige Stiele Spargelkraut (Asparagus), die schwarzen Beeren des Schneeballenstrauchs (Viburnum) und Eukalyptuslaub, 3 Aralienblätter, eine Efeuranke, Golddraht.

Vorbereitung
Nehmen Sie die erste Rose, die unseren Mittelpunkt bildet, zur Hand und füllen diese knapp unter der Blüte mit Eukalyptus und Asparagus auf. Wichtig ist, daß dabei nicht allzu viel Grün herausschaut. Danach werden die restlichen Rosen eng um den Mittelpunkt gelegt. Kopf an Kopf. Verarbeiten Sie nun abwechselnd die Stiele mit den Beeren, Asparagus und Eukalyptus so lange, bis eine gleichmäßige Halbkugel entsteht. Abschließend drücken Sie die Aralienblätter fest gegen die Unterseite des Straußes. Binden Sie über der Hand mit Bast ab, und kürzen Sie die Stiele auf gleiche Länge. Schneiden Sie die Rosen dabei sorgfältig schräg an. Die Efeuranke wird zu einem Kreis geformt, der der Straußgröße entsprechen muß.
Sie können die Ranke leicht anknicken, wenn diese sehr starr ist. Befestigen Sie mit Golddraht, indem Sie ihn mehrmals um die Ranke schlingen, und legen Sie diese nun auf dem Strauß auf. Eine Befestigung ist nicht nötig, Sie könnten die Ranke jedoch mit den Blättern des Straußes befestigen.
Eine kleine einfache Kugelvase ist ideal für diesen Straußtyp.

Sonnenblumenstrauß

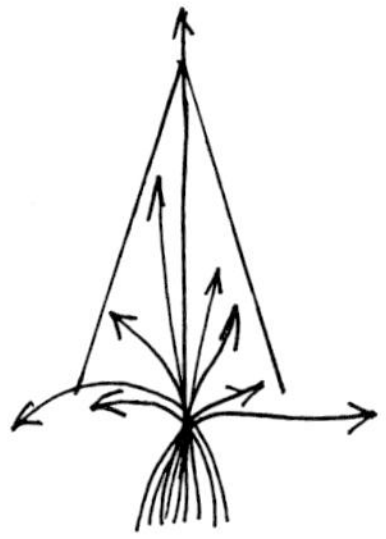

Material

3 Sonnenblumen (Helianthus), 2–3 Stiele Dill oder Schafgarbe, 1 langer verzweigter Schneeballenast mit schwarzen Beeren (Viburnum), 2 Stiele hängender grüner Fuchsschwanz (Amaranthus), 1 Maiskolben, 3 Aralienblätter, 5 Stiele Mohn (Papaver), je einige Stiele Eukalyptus, blattlose Birkenäste, Beargrashalme und Salallaub, Naturbast zum Verzieren.

Vorbereitung

Der Maiskolben wird in der Mitte mehrmals mit Draht umwickelt und aus den beiden Drahtenden wird ein Stiel gedreht. Außerdem werden die Aralienblätter mit Stützdraht versehen.

Anwendung

Die erste Sonnenblume muß einen ca. 50 cm langen Stiel haben, da sie die am höchsten herausragende Blüte darstellt. Die zweite Sonnenblume sollte mit 15–20 cm Zwischenraum angesetzt werden. Fahren Sie mit dem Beerenast fort, der den Raum zwischen den beiden Blüten ausfüllen sollte. Die Mohnblüten werden dicht untereinander, in Höhe der zweiten Sonnenblume angesetzt. Dann folgen Dill, Eukalyptus, Birkenäste und Beargras, welche den unteren Bereich des Straußes ausschmücken. Nehmen Sie nun den Maiskolben zur Hand, welchen Sie waagerecht zu den Sonnenblumen, ganz unten durch das Grün schieben und mit Salallaub unterlegen. Die dritte und letzte Sonnenblume sollte eine etwas gebogene Form aufweisen, damit Sie diese rechts neben den Maiskolben drapieren können. Zum Schluß werden mit Amaranthusstielen, Beargras, Eukalyptus und Salallaub die restlichen Lücken gefüllt und mit Aralienblättern unterlegt. Binden Sie nun über der Hand mit Bast ab, und kürzen Sie die Stiele. Zur optischen Verschönerung können Sie verschiedene Äste oder Beargrashalme mit Naturbast zusammenbinden. Das ergibt eine interessante Form. Am besten geeignet ist hierbei eine schlanke, hohe Vase.

Rosenstrauß im Nest

Material
7 mittelgroße, gelbe Rosen,
3 rosa-bordeauxfarbene Hortensien,
3 Stiele Brombeeren,
3 Stiele blühender Dill, einige Äste von Koniferen, 3 Aralienblätter, 2–3 Stränge Naturbast, langes Geäst, z.B. von der wilden Clematis.

Vorbereitung
Wie bereits unter „Bunter Osterstrauß" beschrieben, werden die Äste zu einer Art Kranz zusammengelegt und mit Bast an mehreren Stellen befestigt. Die Bastenden werden dabei nicht abgeschnitten, sondern zur späteren Befestigung im Strauß verwand. Befreien Sie die Brombeeren von unnötigen Stacheln, und drahten Sie die Aralienblätter mit Stützdraht.

Anwendung
Beginnen Sie mit den Rosen, die Sie eng Kopf an Kopf plazieren, so daß eine gleichmäßig abfallende Oberfläche entsteht. Beeren, Hortensien und Dill werden abwechselnd um die Rosen verteilt. Halten Sie die Stiele sehr fest, damit keine Lücke entsteht. Wenn nun eine Kreisform zu erkennen ist, legen Sie den Astkranz vorsichtig darüber. Sein innerer Durchmesser sollte dabei mit dem Strauß übereinstimmen, damit er diesen abschließt. Ziehen Sie die Basstränge nach unten durch. Mit Aralienblättern wird der Strauß unterlegt und mit Koniferen gestützt. Binden Sie über der Hand mit Bast ab, und kürzen Sie die Stiele auf gleiche Länge.
Wählen Sie die Vase nicht zu klein, damit der Strauß nicht hin- und herrutscht.

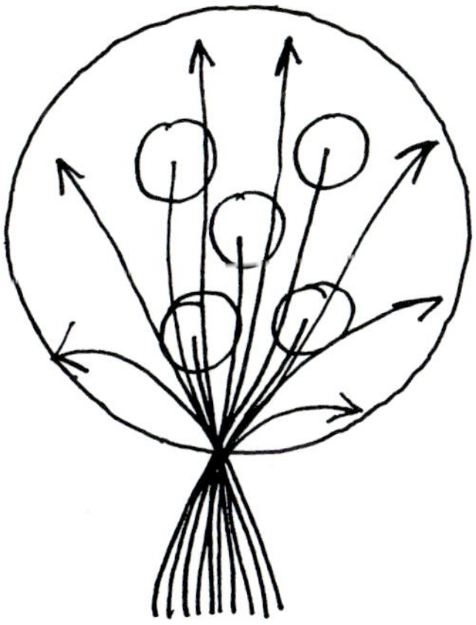

Holunder-Rosenstrauß

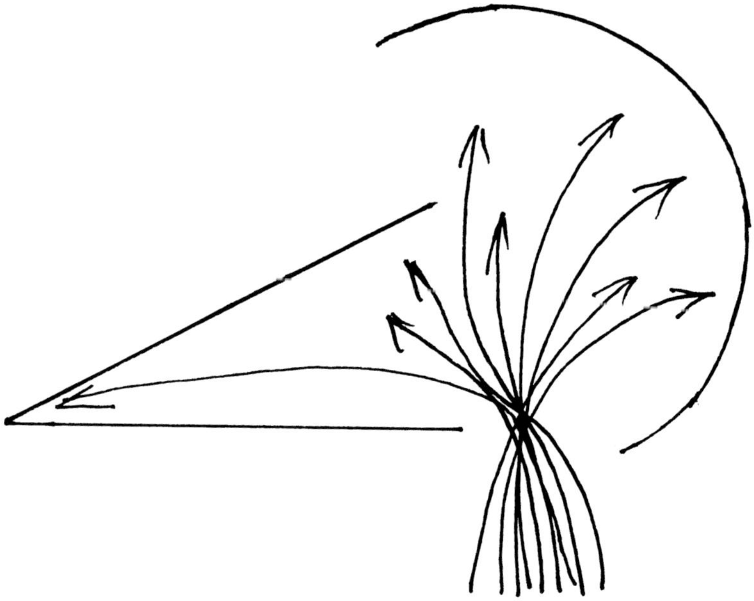

Material

5 gelbe Rosen,
5 Stiele mit reifen Holunderbeeren,
3 Stiele Kugeldisteln (Echinops),
3 Stiele gelbe wilde Chrysanthemen (Chrysanthemum), Erikagrün,
1 Anthurienblatt.

Vorbereitung

Entfernen Sie die Blätter an den Holunderstielen und drahten Sie das Anthurienblatt mit Stützdraht an.

Anwendung

Nehmen Sie zuerst Erikagrün, eine Rose, die Kugeldistel und ein Stiel Holunder sehr fest in die Hand, und fahren Sie nun fort, indem Sie die restlichen Materialien – gleichmäßig verteilt zur Halbkugel abfallend – spiralförmig anlegen. Holunderbeeren sollten dabei leicht herausfallen. Das Anthurienblatt plazieren Sie unter dem fertigen Strauß, binden mit Bast über der Hand ab und kürzen die Stiele auf gleiche Länge.
Wählen Sie ein kleines Gefäß als Vase.

Kleiner Früchtestrauß

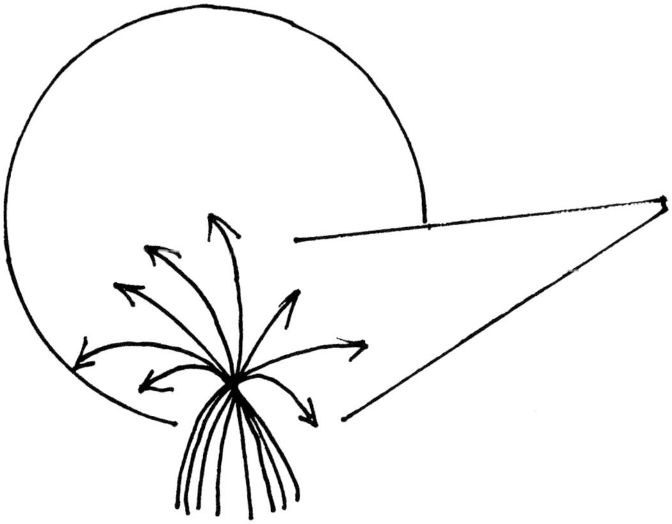

Material

5 kleine Äpfel,
8–10 Astern (Callistephus),
ca. 5 Kugeldisteln (Echinops),
ca. 5 Äste mit Beeren vom gemeinen Schneeballenstrauch (Viburnum),
4–5 Stiele Schafgarbe,
einige große Ahornblätter,
1 Anthurienblatt.

Vorbereitung

Drahten Sie die Äpfel an, indem Sie Stützdraht im unteren Drittel jedes Apfels durch das Fruchtfleisch schieben und die Enden des Drahtes zusammendrehen. Befreien Sie die Disteln von ihren Stacheln, damit Sie sich beim Binden nicht verletzen, und drahten Sie anschließend das Anthurienblatt mit einem Stützdraht, wie bereits mehrmals beschrieben.

Anwendung

Nehmen Sie einen Apfel, eine Kugeldistel und einen Beerenast zur Hand und halten diese sehr kurz (direkt unter der Frucht) fest in der Hand. Es darf nichts wackeln und nichts rutschen. Fahren Sie fort mit Astern, Schafgarbe und den übrigen Materialien, die spiralförmig, sehr eng nebeneinander plaziert werden, bis eine Halbkugel entstanden ist. Hilfestellung können Ihnen dabei die Blätter bieten, die als Stütze oder „Boden" fungieren. Durch Drücken der Früchte oder Ziehen an den Drähten oder Stielen können Sie begangene Fehler beim Binden wieder ausgleichen. Abschließend werden die Ahornblätter angelegt und das Anthurienblatt untergeschoben. Binden Sie über der Hand mit Bast ab und kürzen die Stiele auf gleiche Länge.
Eine kleine Kugelvase unterstreicht die „Biedermeierart" des Straußes.

Herbststrauß

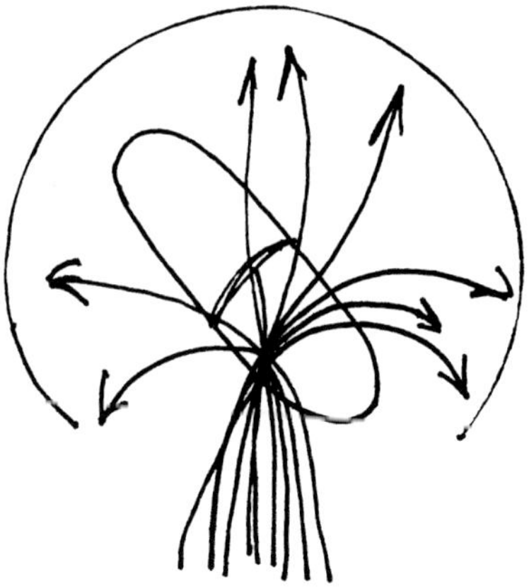

Material

2 gleich große Sonnenblumen (Helianthus), 1 kleine Birne oder Apfel, 1 Maiskolben, 1 Stück Baumrinde von ca. 30 cm Länge, 5 Stiele Weizen, 1 Stück Naturbast (ca. 1 m), 3 Stiele grüner hängender Fuchsschwanz (Amaranthus), 5 Stiele mit schwarzen Beeren vom Schneeballenstrauch (Viburnum), 3 Stiele Asparagus, 3 rötliche Rosen, 1 Distel (Echinops), 3 Stiele Dill oder Schafgarbe, 1 Stück Juteband, ca. 1 m lang, und ca. 7–10 Stiele Salallaub.

Vorbereitung

Weizenstiele auf gleiche Länge bringen und den Bast von unten angefangen, hoch und zurück wickeln. Die Bastenden werden zusammengeknotet und in der Mitte mit Stützdraht angedrahtet. Die Birne wird im unteren Drittel mit Stützdraht durchstoßen und die beiden Drahtenden zu einem Stiel zusammengedreht. Die Baumrinde sowie der Mais werden ebenfalls in der Mitte mit Draht umwickelt und zu einem Stiel verarbeitet. Aus dem Juteband wird eine Schleife gelegt und mit Stützdraht befestigt.

Anwendung

Zuerst nehmen Sie den Drahtstiel der Baumrinde fest in die Hand und setzen die Birne darauf. Sie darf nicht wackeln. Arbeiten Sie rundherum die Beerenäste und das genannte Grün ein. Gehen Sie mit dem Maiskolben gleichermaßen vor, denn mit seinem Gewicht findet er auf der Baumrinde Halt. Alles sehr fest fassen. Nehmen Sie nun eine Rose, eine Sonnenblume, einen Amaranthusstiel, 1–2 Äste

mit den Beeren, Schafgarbe, und drapieren Sie Genanntes gleichmäßig um die Baumrinde. Aber aufgepaßt, die Stiele brechen leicht. Aus diesem Grund sollten Sie immer wieder Grün zwischenlegen. Es darf keine Lücke bleiben. Fahren Sie nun mit den restlichen Materialien fort. Zum Ende kommend, geben Sie die Juteschleife und die Asparagusstiele bei und stecken den gedrahteten Weizen in der Mitte durch. Abschließend verarbeiten Sie das Salallaub. Stiele auf gleiche Länge schneiden und fest mit Bast über der Hand abbinden.

Als Gefäß können Sie eine bauchige oder länglich-ovale Vase verwenden.

Rustikaler Rosenstrauß

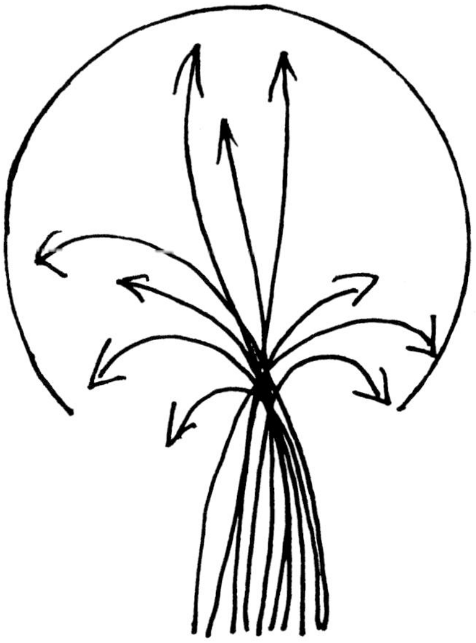

Material
5 gelbe Rosen,
3 Stiele Fetthenne (Sedum),
2–3 Stiele mit reifen Hagebutten,
5 Stiele Schafgarbe, Koniferen,
3 Aralienblätter,
Heu, Naturbast.

Vorbereitung
Fassen Sie das Heu zu einem Bündel zusammen, binden Sie es in der Mitte durch mehrmaliges Umwickeln mit Draht fest zusammen, und lassen Sie einen Stiel stehen. Mehrere Stränge Naturbast werden zu einer Schleife gelegt und diese mit Draht befestigt. Die Hagebuttenstiele werden von unnötigen Blättern und Dornen befreit.

Anwendung
Ein Hagebuttenstiel und das Heubündel werden so gefaßt, daß diese asymmetrisch zueinander stehen. Halten Sie beides sehr fest, damit nichts rutscht. Danach plazieren Sie die ersten zwei Rosen untereinander und füllen nun rundherum mit Fetthenne, Koniferen und Schafgarbe. Die übrigen Rosen werden nun so angelegt, daß die letzte Rose auf dem Heubündel sitzt. Füllen Sie nun die Lücken mit Bast und Koniferen und fügen Sie abschließend die Aralienblätter ein. Schneiden Sie die Stiele auf gleiche Länge, und binden Sie mit Bast ab.
Die Vase sollte von ihrer Größe her dem Strauß angepaßt sein und eine kugelige oder ovale Form haben.

Hortensien-Lilienstrauß

Material

3 Lilien (Lilium „Star Gazer"),
2 Stiele rosabordeauxfarbene Hortensien,
6–8 Stiele blühender Dill,
einige Äste Erikagrün,
3 Aralienblätter.

Vorbereitung

Die Aralienblätter werden mit Stützdraht gedrahtet. Die Lilien haben an einem Stiel üblicherweise 4-6 Blüten und Knospen. Schneiden Sie von einem Stiel mehrere brauchbare Teilstücke ab. Es sollten jeweils eine Blüte und eine Knospe daran sein. Entfernen Sie die Blätter am Hortensienstiel.

Anwendung

Zu Anfang werden eine Lilie, Hortensie und der Dill so gefaßt, daß die noch übrigen Materialien (mit Ausnahme der Blätter) gleichmäßig, spiralförmig abfallend angelegt werden können. Sie sollten dabei darauf achten, daß alle Lücken ausgefüllt werden und keine Sorte direkt nebeneinander liegt. Schließen Sie mit den Aralienblättern ab, um einen ordentlichen Abschluß zu erhalten. Über der Hand wird dann mit Bast abgebunden und die Stiele werden auf gleiche Länge geschnitten. Diese Art Strauß ist besonders ausführlich beschrieben unter dem Abschnitt „Symmetrischer Strauß".
Die Vase sollte in diesem Fall rund und klobig sein, wie auf dem Bild gut zu erkennen.

Kleiner Beerenstrauß

Material
Ca. 5 rosafarbene Astern (Callistephus), je 3 Stiele mit reifen Brombeeren und Holunderbeeren, 1 blattloser, verzweigter Ast, Erikagrün, 2 kleine Äpfel, 1 Anthurienblatt.

Vorbereitung
Drahten Sie das Anthurienblatt an. Ein Stützdraht wird durch das untere Drittel der Äpfel geschoben und die Drahtenden zu einem Stiel zusammengedreht. Die Beerenstiele sollten Sie von Stacheln und Blättern befreien.

Anwendung
Von seiner Art her ist dieser Strauß im Grunde genommen ein symmetrischer Strauß (er wird auf die gleiche Art gebunden). Die Materialien werden gleichmäßig spiralförmig angelegt und sollten zu einer Halbkugel abfallen, mit dem einzigen Unterschied, daß bei diesem Strauß die Beerenäste und auch der blattlose, verzweigte Ast sehr lang herausschauen. Diese sind aber ebenfalls gleichmäßig verteilt angelegt, sie haben nur eine andere Wirkung. Achten Sie zum Schluß darauf, daß Sie die Äpfel nebeneinander zur Frontseite hin plazieren und mit viel Grün unterlegen, damit diese nicht wackeln können. Asymmetrisch dazu schließen Sie mit dem Anthurienblatt ab. Mit Bast wird über der Hand abgebunden und die Stiele werden auf gleiche Länge geschnitten. Ein kleiner Zinkeimer als Vase unterstreicht die rustikale Wirkung des Straußes.

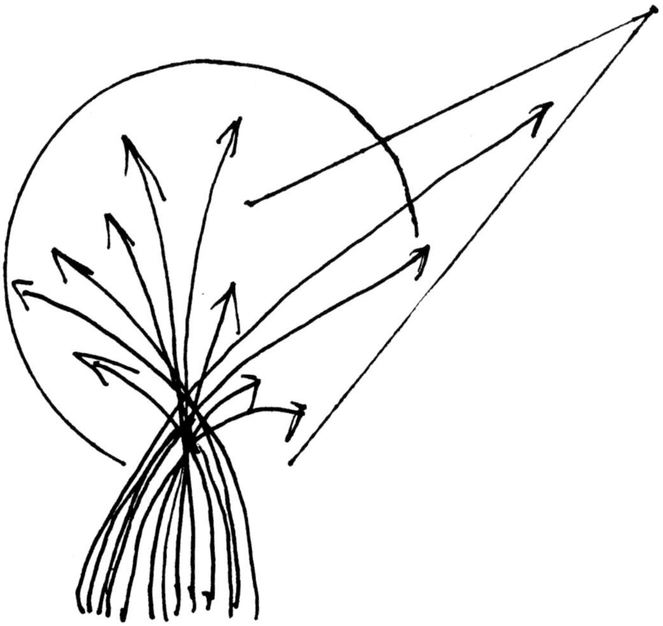

Heliconienstrauß

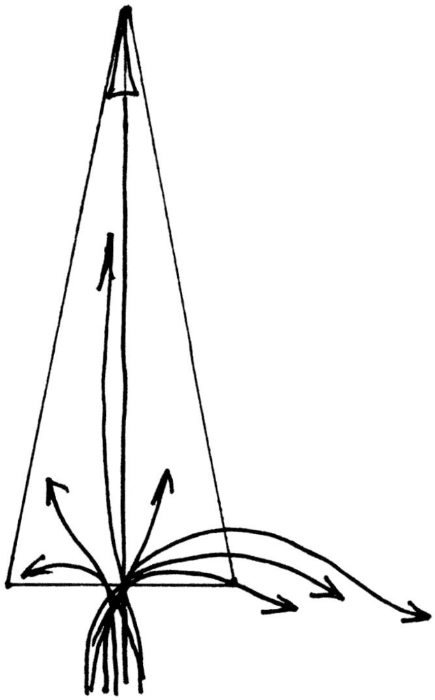

Material

1 Heliconie, 1 langer Asparagusstiel,
1 unbelaubter Ast Zickzack-Weide (Salix Tortuosa), einige Ruskusstiele,
2 Stiele Lederfarn, 2 Aralienblätter,
1 Juteseil von 1,5 m Länge.

Vorbereitung

Die Aralienblätter werden mit einem Stützdraht versehen, durch den diese in Form gebogen werden können. Aus dem Juteseil legen Sie eine Schleife und drahten diese so, daß ein Stiel bleibt.

Anwendung

Begonnen wird mit Heliconie, Asparagusstiel und Zickzack-Weide. Fassen Sie diese so zusammen, daß sich der Ast in senkrechter Form um die Heliconie windet und der Asparagus beides umrahmt. Legen Sie Ruskus und Lederfarn im unteren Straußbereich spiralförmig an. Schließen Sie mit Aralienblättern ab und stecken den Drahtstiel der Schleife, die als Blickfang gilt, in den vorderen Teil des Straußes durch das Grün durch. Mit Bast wird nun über der Hand abgebunden und die Stiele werden auf gleiche Länge geschnitten. Falls Sie Golddraht haben, können Sie ein Ende des Juteseils damit an einem Aststück befestigen und den ganzen Strauß mit Goldfäden überziehen.
Benutzen Sie ein schlankes, schlichtes Gefäß bzw. eine Vase mit großem Eigengewicht, da dieser Strauß sehr schwer ist.

Proteenstrauß

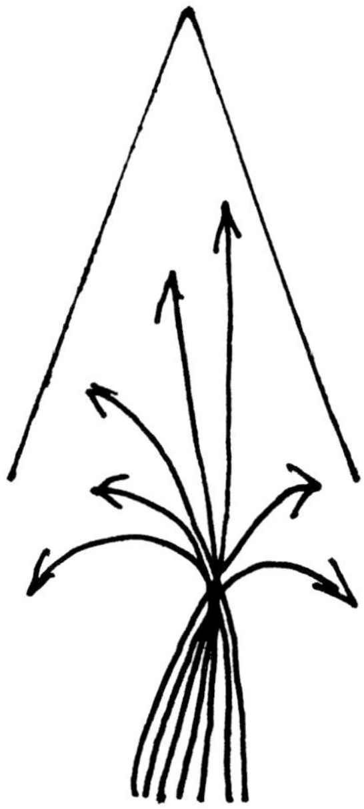

Material

2 orange-braune Nadelkissenproteen (Leucospermum),
2 Stiele Fetthenne (Sedum),
1 unbelaubter, stark verzweigter Ast,
3 Stiele Kugeldisteln (Echinops),
5–6 große Ahornblätter,
einige Stiele blühender Dill.

Vorbereitung

Entfernen Sie die Stacheln der Disteln. Drahten Sie die Ahornblätter mit Stützdraht an.

Anwendung

Die erste Protee wird in den verzweigten Ast gesetzt. Danach etwas unterhalb die zweite Protee und wiederum unterhalb die Fetthenne. Die Lücken füllen Sie nun mit Kugeldistel, Dill und Fetthenne. Fügen Sie abschließend die Ahornblätter sehr fest und dicht nebeneinander, unter den Strauß ein. Da Ahornblätter sehr dünn sind, können Sie diese auch ruhig doppelt unterlegen. Binden Sie über der Hand mit Bast ab und schneiden Sie die Stiele auf gleiche Länge.
In diesem Fall sollte die Vase eine schlanke, schlichte Form aufweisen.

Gemüsestrauß

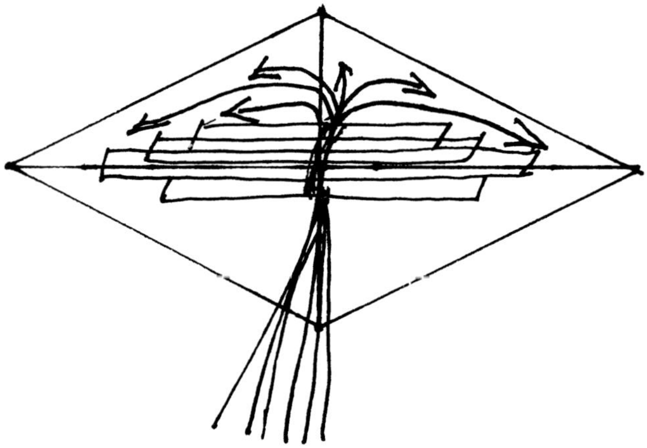

Material

1 mittelgroße Zucchini,
1 Knoblauchzwiebel, ca. 3 Radieschen,
1 Karotte, 4 bunte Peperoni,
einige Buschbohnen,
5–6 Rebenäste (ca. 30 cm lang), Erikagrün,
Naturbast, 2 Anthurienblätter.

Vorbereitung

Nehmen Sie die Rebenäste zu einem Bündel zusammen, umwickeln Sie dieses mehrmals sehr fest mit Draht und lassen dabei einen Stiel stehen. Ebenso verfahren Sie mit den Bohnen, die allerdings zusätzlich, der Optik wegen, mit Naturbast umwickelt werden. Drahten Sie die Anthurienblätter mit Stützdraht an. Umwickeln Sie je zwei Peperoni, die Karotte, die Zucchini mit Draht und schieben Sie durch die Radieschen und Knoblauch einen Stützdraht. Bei allen genannten Materialien muß ein Drahtstiel als Griff stehen bleiben.

Anwendung

Beginnen Sie mit dem Bündel, durch welches Sie die Drahtstiele von Karotte und Zucchini durchstechen. Das Gemüse muß einen guten Halt haben, nur dann kann man auch die übrigen Materialien verwenden. Danach folgen Peperoni, Radieschen, Bohnenbündel und Knoblauch. Alle Drahtstiele werden durch die Äste geschoben. Die entstandenen Lücken werden mit Erikagrün ausgefüllt und die Anthurienblätter untereinander als Abschluß angelegt. Kürzen Sie die Stiele auf gleiche Länge und binden mit Bast über der Hand sehr fest ab.
Durch Besprühen mit einem Zerstäuber können Sie das Gemüse länger frisch halten.

Exoticstrauß

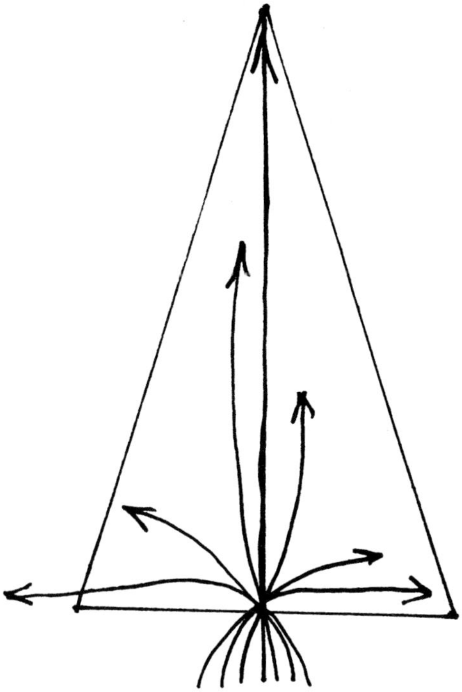

Material
1 Bananenblüte,
1 Stiel Zypergras (Cyperus),
3 lange Stiele Asparagus,
1 verzweigter Ast Korkenzieherhasel (Corylus) unbelaubt,
ca. 1 m Juteband,
1 Anthurienblatt,
einige Stiele Eukalyptuslaub,
je 2–3 Stiele Salallaub und Lederfarn.

Vorbereitung
Legen Sie aus dem Juteband eine Schleife, welche Sie andrahten. Zum Stützen des Anthurienblattes wird auch dieses mit einem Draht versehen.

Anwendung
Nehmen Sie die Banane und den Korkenzieherhaselast fest in die Hand, daß nichts wackeln kann. Der Zypergrasstiel wird vorsichtig durch den gedrehten Ast geschoben. Er soll dabei einige Zentimeter oberhalb des Blütenkopfes sitzen und senkrecht neben dem Bananenstiel stehen. Zwei lange Asparagusstiele legen Sie so an, daß diese in den oberen Astspitzen befestigt werden können. Schmücken Sie spiralförmig mit Eukalyptuslaub, Lederfarn, Salallaub und kurzem Asparagus im unteren Straußbereich aus. Abschließend wird die Schleife eingeschoben und der Strauß mit dem Anthurienblatt unterlegt. Schneiden Sie die Stiele vorsichtig auf gleiche Länge, und binden Sie den Strauß sehr fest über der Hand mit Bast ab. Zur Verzierung lassen Sie einen Golddraht durch den Strauß durchlaufen, und befestigen Sie die Enden mit den Asparagusstielen gleichzeitig in den Korkenzieherhaselastspitzen.
Die zu verwendende Vase muß ein großes Eigengewicht haben, da der Strauß sehr schwer ist.

Weihnachtsstrauß

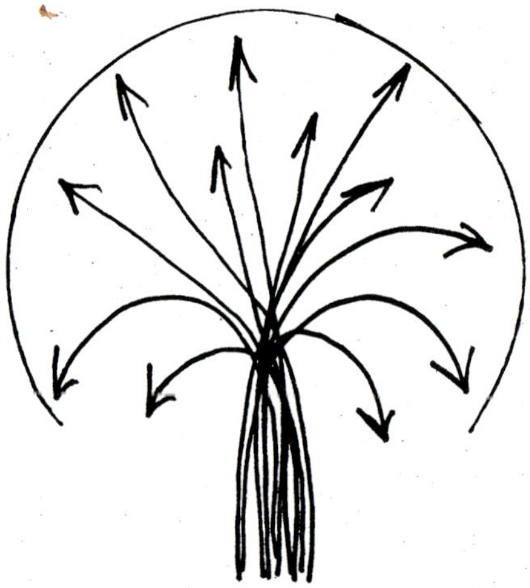

Material

Viele verschiedene Äste von Koniferen, Tanne, Kiefer, Buchsbaum etc.,
1 rote Drahtgirlande mit Sternen,
2–3 unbelaubte Birkenäste,
1 roter Weihnachtsstern (Poinsettie) künstlich oder echt,
goldenes Engelshaar (oft anders bezeichnet),
einige Halme Beargras,
1 goldgefärbter Zapfen (Kiefer),
1 gold-weißes Instrument am Stiel,
2 verschieden rote Schleifenbänder,
1 Stück rotes Kreppapier von 1 m Länge.

Vorbereitung

Die beiden Schleifenbänder werden wie anfänglich beschrieben nacheinander zu einer Schleife gelegt und mit einem Draht befestigt. Kurze Koniferen werden angedrahtet. Zum Andrahten des Zapfens wird der Stützdraht im unteren Bereich zwischen die Schuppen (verholzte Fruchtblätter) geschoben und zu einem Stiel zusammengedreht.

Anwendung

Zuerst nehmen Sie den Weihnachtsstern, die Schleife und einige Tannen und Koniferen zusammen. Fahren Sie fort, indem Sie spiralförmig die verschiedenen Materialien rundherum anlegen, bis die Form einer Halbkugel entsteht. Zuletzt fügen Sie noch Zapfen und Instrument bei, indem Sie die Drahtstiele durch die Äste schieben. Beides sollte gut zu sehen sein. Fassen Sie den Strauß über der Hand mit Bast zusammen, und schneiden Sie die Stiele auf gleicher Länge ab. Bearbeiten Sie das Kreppapier, indem Sie es im oberen Drittel sehr stark auseinanderziehen. Es wird dabei etwas wellig. Dieser wellige Teil soll den äußeren Rand unseres Straußes verzieren. Raffen Sie das Papier daher zu einer Manschette um den Strauß. Der Strauß wird nun noch mit Engelshaar und Sternengirlande ausgeschmückt.
Ein Sektkühler eignet sich durch seine großzügige Form übrigens ausgezeichnet als Gefäß. Dieser Strauß braucht kein Wasser. Sie können ihn über die ganze Weihnachtszeit stehen lassen.

Weitere Titel aus unserem Floristik-Programm

ISBN 3-8241-0660-4
Broschur, 64 Seiten

ISBN 3-8241-0661-2
Broschur, 64 Seiten

ISBN 3-8241-0589-6
Broschur, 64 Seiten

ISBN 3-8241-0637-X
Broschur, 32 Seiten

ISBN 3-8241-0586-1
Broschur, 64 Seiten

ISBN 3-8241-0563-2
Broschur, 64 Seiten

ISBN 3-8241-0564-0
Broschur, 64 Seiten

ISBN 3-8241-0585-3
Broschur, 64 Seiten

ISBN 3-8241-0607-8
Hardcover, 64 Seiten